Lars Reyer
Magische Maschinen

Gedichte

Schöffling & Co.

»Into the flat blue mist the sun
Drops out and all our day is done.«
Gerard Manley Hopkins,
Winter With The Gulf Stream

Für Yeşim.
Für Noëmi.

Erste Auflage 2013
© Schöffling & Co. Verlagsbuchhandlung GmbH,
Frankfurt am Main 2013
Alle Rechte vorbehalten
Satz: Fotosatz Amann, Aichstetten
Druck & Bindung: Pustet, Regensburg
ISBN 978-3-89561-218-3

www.schoeffling.de

1. Am Ende gehen die Körper

Kartographie

Aus dem Gedächtnis zitierte Richtung: westwärts
taumeln die Krähenzüge. Auf der Karte hier
ist nichts verzeichnet, außer Acker-, Brachland,

Flözgebieten. Die Kolorierung schöpft aus leichen-
blassen Denkstrukturen. Stacheldraht, hier müssen
einst die Pfade quergelaufen sein, Grenzlicht, ein-

geschlagen in die Erde: Schilder mit Gefahren-
warnungen (»Jetzt sind wir mittendrin«), westwärts
taumelten die Züge der rußgesichtigen Wanderer. In

älteren Liedern wird das besungen, *wie lange noch
wird unsere abwesenheit geduldet,* & schrieben
in Heizungskellern, unter vermauerten Himmeln

ihre Stammhirne auf, *nein wir werden nicht vermißt.*
Am Abend scheinen die Forste am Horizont, in Farbe
gedippt. Die Krähen folgen den Zügen. Auf einer nackt

im Gedächtnis bewahrten Karte des Landes (»Siehst du
die Ballung der Substantive«) radieren sich langsam
die Schlagbäume aus. Beim Öffnen des Mundes (Kopfes)

die übliche Reizung der Stimme & mächtiger Klage-
gesang aus den Hütten, Heidereste, die ausgehöhlten
Räume der Ex-Industrie, prächtiger Walduntergang.

Ländliches Triptychon

(linker Flügel)

Die Feuerwehr kam zu spät.
Die Männer, schwarze Öljacken,
feste Stiefel, stocherten mit langen
Stangen lange in der Jauchegrube
bis sie auf Widerstand stießen, den Jungen
mit Haken & Ösen aus der dicken Brühe
zogen,
                    »Ein passabler Schwimmer –«
einige behielten ihre Helme
auf, der Schweiß lief ihnen runter
                    »Sportabzeichen in Bronze.«
& standen schwankend, betäubt
vom Gestank der tierischen Kloake
am Rand der Grube. Die Mutter
kam herbei, den Körper des Jungen
mit Leinentüchern zu säubern & musste
sich übergeben.
                    Die Schmeißfliegen, prall,
grünviolett schimmernd, tummelten sich.

(Mitteltafel)

Zum Mittagsende ruft
      die Glocke. Das Korn in fetten Ähren,
      soweit das Auge in die Landschaft reicht:

Gold. Er geht im Unterhemd, in kurzen
Hosen (die Sonne lastet schwer
auf diesem Tag) zur Scheune hin, wirft
         die Thermoskanne unter den Sitz & startet
      den Motor des Mähdreschers, die Kraft
      vibriert durch seine Knochen. Am Rück-

spiegel baumelt der Rosenkranz, die letzte
      Ernte diesen Jahrs, das hat er
         seiner Frau versprochen & tritt
aufs Gaspedal, auf den Teerpappdächern
die lahmen Katzen zucken nur kurz, die Maschine
stöhnt auf, rollt an, den Gehörschutz
        hat er sich übergezogen & prüft (mit einem
         Knopfdruck) den sicheren Schnitt, die Rotation
der Häckselblätter,
         nur seinen Sohn

bemerkt er nicht. & das Getriebe stockt –
      ein Knirschen Scheuern von Metall
      & etwas Weichem, wie betrunken springt

das Dreirad über den Hof, keiner,
      der es lenkt. Er
         wird vom geschärften Stahl
das Blut zu waschen haben.

(rechter Flügel)

Auf der Hügelkuppe summt
das Trafohäuschen seine elektrische
Kantate. Es kommen
                    keine Engel. Kröten
schnarren durch die Nacht, vom Dorf
herauf, wo die letzten Bierstubengänger
miteinander tuscheln, die fahlen Birken
klappern – *Es komme,*
                    was niemals noch war! Es komme
ein klarer Gesang aus den Wolken & aus den Stuben
von unter der Erde, aus den Öfen
quelle der flötenhelle Rauch, es breche
in den Überlandleitungen ein funken-
sprühender Chor aus, es komme,
was niemals noch sein wird, es komme
ein Mensch
& der mit dem Strick um den Hals,
                    der im Birkengeäst hängt,
                    der mit dem ausgedörrten Gesicht,
                        der ertrotze sich noch
ein eigenes Wort.

Totensonntag

Regen immerzu (& stumpf) & am
Rand der Bordsteinrinne wächst
schon Frost, heute wird die Erde
hart sein, man bleibt mit bloßer Haut,
mit Zunge, heißt es, kleben
              am Metall & dann?
& dann: mit kalten Fingern
Grabpflege, mit kalten Ohren
(ich habe keinen Kranz gekauft)
bei den Toten hocken? Man geht noch
ein & aus & hat wohl auch
die Bilder nicht vergessen, am Rand
gezackt (schon wächst der Frost), viel
musste man sich anhören & in den Wipfeln
spürt man noch so Hauch
von Zwei-Takt-Motor, der den harten
Weg abseits der Straße nimmt,
kann sein, es glimmen Windlichter
& flackern rot & sprühen kräftig auf
kurz bevor das Wachs zur Neige geht,

ich habe keinen Kranz gekauft,
ich habe kein Gesteck geflochten, nur
in Gedanken war ich bei den fernen
Gräbern, zu kurz, um mir den Schal
zu binden, zu lange, um jetzt einfach
sanft in diese gute Nacht zu gehn.

Späte Kopie

Als fahle Haut erkennst du die verwandten Züge,
doch ihr Gesicht bleibt adoptiert, dort unterm Türsturz
mit der schmalen Schulter an das Holz gelehnt, so ab-
gemagert schon & flau im Magen, du kannst die Gänsehaut
erahnen, die Fenster sind nicht dicht, du siehst:
            sie friert, doch was ist kurze Müdigkeit, das Reißen
im Gelenk, wenn ungerührt die Tage immer weiter köcheln,
wenn Hühnersuppe mittags aus dem Kochtopf dampft –
du weißt es nicht, sie
            kann es auch nicht sagen,

der Mund geronnen (auf diesem Abzug
& solang du denken kannst), der Mund
der ungern spricht, von Leberschäden,
von Nächten ohne Schlaf & vom Erwachen,
das einen andern Namen trägt, dir liegt

so manche Frage quer im Rachen,
ein Knochenbrei, ein Sud,
so lauwarm immer mitgesprochen
bei allem, was du sagst,

nur dieses Foto, fahle Haut, mit Rissen
sehr verziert, der Mund geronnen –
das Foto redet nicht, nur manchmal kommt's dir vor,
als sei die Bildspur ihrer Tage
in deinen Kopf kopiert.

Laubsägearbeit

Aus dem abgeklemmten Kühlschrank neben der Werkbank
holt er sich den Klaren, die Flasche hat kein Etikett,
früher brannte er noch selbst, Holunderbeeren, weißen Klee –
er wusste wie man destilliert, die Kolben hielten länger

als sein schwarzes Haar. Nie hab ich gern die Zeit verbracht
in diesem Kellerraum & als ich dort die Wände strich,
kam unter den Schichten der Farbe der graue kahle Stein
erneut hervor. Die Ordnung all der Schraubenzieher, -schlüssel,

Hämmer, des Elektroschrotts (sein blindes Auge richtete
der RFT aus seiner alten Ecke stets auf mich). Wir bauten dort
einmal, aus dünnem Sperrholz, eine Landschaft wie man sie
nicht fand in diesen Breiten, mein Blatt brach immer an der Stelle,

wo der Schäfer mit der Herde auszusägen war. Er faltete
wie zum Gebet die Hände, rieb sich die Ballen, das bringe eine
starke Leber, höre ich ihn sagen, hebe meine Flasche, die längst
kein Etikett mehr trägt & stoße ohne Zögern auf ihn an.

Die Fernen

In die Pausen gehaucht des singenden Pendlerverkehrs
ist der Atem nicht viel mehr als ein Geräusch, die Leitung
Glasfibern, unter Land verlegt, das ist so eine unsichtbare
Ader, die den Puls nicht richtig halten kann & jedes Wort
wird umgeleitet, Warteschleife, analoge Melodie. Ich

liege wach & träume von den Jungen, die auf dem Weg
zur Haltestelle sind, Silberstimmen eingefasst in Silber-
körper, mit Pflastersteinen schießen sie die Straßenlichter
aus, die Häuserwände bröckeln ab von ihren Schritten,
gesummte Kalkspur, bald eingekocht in Schlaf, in Stein.

                                    Das Fenster steht auf Kipp.
Die graue Luft, der Greisenbart, zurrt mich ans Bett &
meine Knochen, spür ich, sind so dürr, dass jedes Wort
in ihnen zittert. Die abgeklemmten Ferngespräche. Jetzt
ist nur so ein silbrig Tuten in der Muschel.

Zucker

Die durchgesessnen Polster aus Velours: Hier
dehnten sich die Nachmittage. Arme Ritter.
Im Kofferradio die Nachrichten. Der Gehstock
klackte auf den Fliesen & das Pantoffelschlurfen
bis die Stille kommt. In alten Zimmern bist du

ganz für dich. Du siehst die Luft über der Eckbank
leise sieden & der dort schläft im tiefen Federkern,
der Atem holt im Takt der Uhr, aus der zu jeder
vollen Stunde der Bergmann mit dem Hammer
grüßt, ist schon ganz eingehüllt in dieses Bild. Du

kennst noch den Verlauf der Tage, angehäuftes Gut.
In den Regalen Messing, das steht seit Jahren da &
glänzt so sehr. Die Augen schließen sich. Über der
eingefallenen Brust. Du schmeckst das süße Brot.
Auf deinen Zähnen liegt der Zuckerguss.

Am Ende gehen die Körper

»Das ist der Heiland«, ein von Nebeln verglastes
Bild. In ihrer Stimme bleibt ein Zittern, als schauerte
das Wort sie an.
      Schon längst geschlossen ist die Bäckerstube,
die warme morgendliche Andacht verbrachte man
am aufgeheizten Stein & zog die Doppelbrötchen raus
zur angebrachten Zeit.
      Es gab auch Stunden im Gewirr
der Kammern unterm Dach, da war man nicht so gern
allein & hielt das Steppbett fest mit beiden Händen.
Als der Schatten, flatternd & mit feinen Flügelhäuten,
einmal ins Zimmer drang
      durchs offene Fenster, wusste sie
nicht ganz, wo sie mit ihrem Körper war. Ob noch
ein Atem ging in ihrer Brust. Doch schlang sich schnell
das Handtuch um den Kopf,
      denn der Urin der Fledermaus
ist schädlich für die Haare. Vor dem Haus
die Fichten. Immergrüner Flor. Der Herr trägt
einen blonden Bart & hinterm Glas die leisen Sätze.
Dass alles weitergeht, dass alles atmet wie zuvor.

2. Magische Maschinen

I

Geschweißt?: Die Stahlwolle hängt unten
ziemlich raus, wo am Maschinenbauch
die Naht (zwar wulstig) aufgeplatzt & mit
den Einzelteilen schon nicht mehr ver-
bunden ist. Der Schweißer liest vom Finger
schnell die Temperatur (Brandblasen), er
liest den Härtegrad der Außenhaut mit
routiniertem Tastgespür (Taktsinn & Sinn
für Elemente). Auf einer fernen Tafel steht
geschrieben: was wie wieviel wo welches
Kristallsystem warum. Er legt den Finger
an die Lippen nur, spuckt (jetzt zischt das
Schutzgas raus) & wirft die blaue Flamme an.
Er liest jetzt nicht, er schweißt.

II

Hier geht die Luft durch, säuerlicher
Stoff, in Zügen, lauten, lautlosen
Reihungen. Aufgeschnitten liegt der
Teppich da. Es ist dies keine Vogel-
lunge (Parabronchien) & fliegt doch
weitestgehend gut im Raum, im klareren
Gemisch der Gase (der Schutzhahn
ist jetzt zu). Pfeifen: auf einen Pfiff hin
setzt die Atmung aus & renkt sich,
Gott befohlen, wieder ein – der Mann
mit den Schläuchen auf Anschlag. So
gehen die Abläufe weiter (ein aus) &
mächtiger als das Wort scheint nur die
Stimme, wenn sie angeschlagen ist, aus-
gelaufen an den Rändern. »Bitte ziehen
Sie durch!« Durchhalteparolen.

Gänse-. Ein oft beschriebenes, oft unbe-
schriftetes Stück Pergament. Das Wort
schiente die Stimme & am Wortbruch ent-
lang spleißt sogleich die Maserung auf.
Das größte Organ (Organversagen) bleibt
jeweils stumm, wird ausgemessen & für
passgenau befunden »heutzutage alles sub-
kutan«. Die Rede geht von nachwachsenden
Zellen. Die Rede stockt, geredet wird hier
nicht, hier wird gesprochen. & aufgekocht.
Die Gerberei. Das alles ist von Menschenhand
geglättet (in der Beize). Hier ist ein Wort
wie Pore einmal angebracht. Hier ist ein Wort.
& dann die *haut*e couture des Silbenfalls (wie
Eva sie schon trug) mit

-haut. »Gib mal die Gänse*leber* rüber!« Die Tauch-,
die Reinigungsstation. Hier franst das alles etwas
aus. Zirrhose. & arbeitet sich ab an Stoffen, die
flüchtig (flüchte ins warme Gewebe!), geradezu
Toxine sind. »In aller Deutlichkeit: gib mal die Gänse-
leber rüber!« Gestopft. Mit einem in den langen
schmiegenden Hals geführten Hartgummischlauch.
Mit wie viel Pfund liegt so ein Teil dann auf der
Waage – & macht ganz ungeniert mit Produktion
von Galle weiter. Die Handschrift ist hier leider aus-
gedünnt, der Schreibmaschinenanschlag kaum
zu erkennen. »Gib mal die ganze Anschlagserie
rüber!« Die eingedellten Lettern, verwaschene
Gedankengänge. Nirgends sonst gibt's ein so stark
durchblutetes Gewebe (Holz & Leim & alte Zeitungen),
nirgendwo die Adernetze feiner, was durch die
Darmwand kommt ins Blut wird mitgenommen. Nie-
mand weiß wohl so genau Bescheid über den einzelnen
Gerinnungsfaktor.

V

Tischchen. Nachkriegsdesign. Glatter
keine Oberfläche als perfides Resopal.
Fürs Auge. Für das komplett ins Auge
eingedrehte Menschenbild. »Wir gehn
heut nicht mehr unter eine Haut.« Das
scheidet alles aus & mit den abgeklem-
mten Schläuchen wird die Blutbahn
wieder frei. Fürs innere Organ. Für das
komplett ins Innere zurückgezogene
Kulturorgan. Von Gott empfohlen. Dia-
lyse.

       & aßen gerne Saure *Nieren*, tagelang
       gewässert, man schmeckte dann den Harnstoff
       raus als keuscheres Aroma eines Säure-
       Basen-Haushalts. & war froh. »Wir hatten
       damals nichts, nichts hatten wir als überlebte
       Körper, unsrer Hände Kraft.« & scheuerten
       die Oberflächen wieder rein – – – & kippten

dann zurück ins alte Redemuster.
(Denken. Klammern. Not-OP.)

Ein kurzer Schock. Hier ist ein Wort
nun gar nicht angebracht. Hier liegen
die Katheter kompliziert im Fett, im
fest umspeckten Muskel. Man muss
auch manchmal an den Worten sparen,
man muss auch manchmal in die Land-
schaft fahren, dort dann: die *Herz-*
lichkeit der Dorfbevölkerung (die Klappen
schließen nicht mehr ganz korrekt).
 Die Hirne sind noch immer
sehr suspekt & passen fadenscheinig
bloß zu den Gesichtern. Es werden
öfters Kerzen aufgestellt. Kranzgefäße.
Ein kurzer Schock. Ein Schockgebläse.
Es hat den Alten (müde von Majuskeln)
schon bald weggeweht. »Etliche
Bypässe umsonst gelegt.« Man kommt
nur schwerlich an gegen die Verkalkung,
die Innenwände kratzt man nicht mehr
 so schnell ab –
 Stundenlang
das Surren der Geräte. Verblasener Strom
liegt in der Luft, die reine Muskelmasse.
»Wir reanimieren jetzt bis morgen früh!«
Es pumpt nicht mehr es pumpt es pumpt
nicht mehr es pumpt verblasse

VII

Wer schriee denn? Womit? Für wen? Das
hängt doch unten ziemlich rein ins immer
weichere Gewebe. & gibt den Laut nicht
mehr an eine Außenwelt. Wer zöge denn
den dünngewalzten Stahl
                            auf optimale Länge?
Wer brächte denn die Lippen so weit aus-
einander? »Wie weit?« »So weit!« »Keiner.«
        Es flimmert oft
                zu stark in den po-
                        lierten Flächen & zuckt,
doch ist kein Licht da, nur der Kehlkopfdeckel,
kein Licht, nur eine Ritze für die Stimme, man
hat so selten gute Leuchteffekte hier unten
drin. Man lebt im Dunkeln
                & räuspert sich manchmal. Das
kann wohl kaum ein Muskel sein, der singt,
kein *Band*, aus dem die *Stimmen* wachsen.
Wer schriee denn während der Stroboskopie?

VIII

Scheinwerfer an! Ölstandkontrolle! Hier
haben sich die Antigene (Halogene) ein-
geschlichen. Man wird bei diesen Lux-
einheiten, bei diesen Massen weißer
Körperchen
                    seine schwarz getönten
                    Gläser schnell vermissen.
                    »Stellen Sie sich ein auf
Schneeblindheit.« Es handelt sich hierbei
um ein Organ, das völlig ungefährlich ist.
Nur bei Ruptur besteht Gefahr. Dann blutet
alles in die Höhle rein, den Bauch. Dann
          lässt sich auch der Pegelstand
          nur schlecht vermessen. »Versetzen
Sie sich in die Lage dessen, der den Mess-,
den Maßstab ansetzt!« Halogene, weißes
Licht & weißes Fleisch. »Versetzen Sie sich
in die Lage jetzt des Stabs –« Gespült,
gefährlich abgeklärt, man suhlt sich nurmehr
in der Beize. Feierabend!

Einfach gesprochen, Feierabend: Krebs
& Zucker. Am feingesponnenen Metall
blüht noch die *Drüse* auf, die Wucherung.
Oxide & kristallne Feuchtigkeit. Es wird
nun Zeit für ein verpflegtes Ende,
                              mit Politur, mit Lack
(der Schutzhahn ist jetzt ab, ganz ab)
kriegt man die Oberfläche noch mal
sauber hin. Die Reste spiegeln sich darin,
der *Speichel* darf verrieben werden vor
den Augen aller dieser Mediziner (Kessel-
flicker).
        Nun sickert in den *Bauch* zurück
der Schmand, das raffinierte Mineral. Es
zeigt sich jetzt, wie Korrosion entsteht.
Hier ist das Ende.
Schalter.
Aus.

Aus den Kabelenden sprenkelt Reststrom
in die Augen. »Die Stahlwolle hängt unten
ziemlich raus?« Ich setze nun die abgetönte
Brille auf, ich setze nun den Mechanismus
in Betrieb: Bilder,
        die Außenhaut weicht lang-
sam ab im Schub der endokrinen Hitze,
darunter kommt das Helle dann hervor
(knochenweißes Aluminium, ein Abzug
erster Einzelheiten), das Helle bleibt, ich
kann das Helle nun ertasten
             & ziehe die Matrize
ab & halt das Helle an mein Ohr. Mit Glück
(mit idealem Härtegrad) ist dann ein Knirschen
auszumachen
      – hier das verstopfte Ansaugrohr –
am Schleifstein schleife ich die Düse ab,
ich steh im Lärm & lass das Gas erklingen.
Ich lese nicht, ich schreibe nicht, ich schweiße nur.

3. Junge komm nie wieder

Sankt Georg

»Gorio huob dhia hant huf . erbibinota abolin(us) .
gebot er huber dhen hellehunt . dho fhuor er shar en abcrunt .«
Otfrid von Weißenburg – Georgslied

Hier enden alle Treppenfluchten. Das schrille
Klingelzeichen bricht auseinander unterm Deckenbogen. Es sitzt,
wandgroß, auf seinem Pferd der Heilige.
                                 Die Tüncher
haben sich im Ton vergriffen: zu viel Pastell,
zu wenig Erde & zu wenig Blut. Wie er den Drachen
mit der Lanze dort am Boden hält, das kann nicht stimmen, & wo
        sind die Erlösten hingekommen – die vielen

Kinderschritte hallen in den Fluren, als wärst du nie
von diesem Ort verschwunden (der strömt & ruht), das helle
Flimmern in den Stimmen
                        tritt nah an dich heran
& hat dich eingesponnen: im Aufgang
zu den Lehrerzimmern. Den rau verputzten Wänden
ist nichts abzuhorchen, grußlos geht (den grauen Kittel
        kennst du noch) der Hausmeister vorüber. Du findest

dich kaum wieder zwischen allen, die dort sitzen
auf dem Bild der Abschlussklasse, erstarrt vor einer Ewigkeit
beim Blick ins Objektiv (den Abgrund).
                        Ein Schutz-,
ein Abwehrzauber: du sagst Vokabeln auf & alte
Gleichungen. Das Wandbild schweigt, & deine Stimme steigt
hinab in andere Zeiten, der Heilige wetzt seine Waffe; ein Wort noch
        für gesundes Vieh, ein Wort noch gegen die Pest.

Ging allein

                     & stieß auf Schotterstraßen,
das müde Gras entlang des Wegs, wo ab
& zu der Fingerhut aufblitzte, der chrom-
umflirrte Kopf der Silberdistel,
                            hier hisste ich

         den Atem, sekundenlang verdampfte ich
vor mir, ging meinem Schritt voraus;
                    ich stieß, da waren Trichter
in den Feldrand eingelassen, Beton-
geviert mit Stahl gedeckt, das hallte
          unterm Schuh, das gluckste,
               gurgelte von fern, von unten
& konnte nicht zu mir, ich stieß

wohl keinen Schrei heraus, ich ging
allein, ich war noch klein,
                  die Strümpfe reichten bis zum Knie
& weiter hinten kam nichts mehr, da
kam der Panzerplattenweg, die dünne Luft,
Garagenzeilen & hinterm *Nackschen Arsch*
        rutschte die Landschaft ins Tal, ich drehte
stets dieselbe Schleife, ich schnürte meine Kreise

immer eng, die Wäschemangel duftete mich an
& bei der Haltestelle, von wo die Busse stadtwärts
ächzten, begrüßte mich die leere Bank (wer
liebte wen?, mit Filzer); ich rieb
         das Klingelschild vergebens,
der Name ging nicht ab, ich ging
allein, ich kam zurück, ich kam nicht
         in die weite Welt hinein.

Gold

Um die Schokolade das Stanniolpapier (gegelbt)
war Imitat & schimmerte doch trotzdem
gut, wenn man hineinbiss,
kam ein Knirschen & in die Zähne
fuhr ein Schmerz, der weder aus der Wurzel
stieg noch von dem jungen Schmelz abstrahlte
      wie hieß das?: Midas?
du kannst dir Namen, Marken
so schlecht merken, du weißt nur
den Geruch von Kokosfett an
deiner Hand, du kautest still,
der Zucker schwebte kurz im Mund,
dann sickerte auch diese Süße
in dein Blut, mischte sich dort
mit anderen Stoffen, nur das Stanniol-
papier wurde verwahrt, glattgestrichen
in einer Kiste hinterm Ausziehbett,
im Dunkeln erkanntest du (gegelbt)
die Zeichen, Kopf des Mohren,
mehr als Striche, Linien, du hast
das still für dich entziffert & konntest
keinem zeigen, was du sahst, am Gaumen
kratzten Schokoreste wie ein Fluch: was
du aussprichst, verwandelt sich in Schweigen.

Kino

Die steile Gasse rauf: gegenüber
      die Bretterbude verkaufte halbe Hähnchen,
          Krakauer, den abtötenden Schnaps zum Feier-
abend, dort sah ich *Das kalte Herz,*
im Schaukasten hing das Plakat (einsilbige
Gesichter) & der Glanz von ausgedünntem

Benzin im Rinnstein. Manche hier waren bewaffnet,
die nageldurchtriebenen Zaunslatten hingen
         am Gürtel (so ging das Gerücht)
& im Flackern der Straßenlampen
            kamen die seltenen Gerüche auf
              von Dosenpfirsichen, buntem
Cellophan & bunten Ländern. Dort räumte man

im Abendschimmer Lieferwagen aus, der Karten-
      abreißer mit seinen Raucher-
         fingern – *Die Schneekönigin*
hielt sich immer in Bereitschaft & spülte
den Mund aus mit Bier. Manche hier atmeten
kaum, aber am Ende wurde der Junge gerettet.

Ortschaft

Wir lagen nicht, wir standen
    meilenweit in der Landschaft,
        von der Ackerfurche bis zum
Seeleneingang schwärzlich angedickt;
    wir hatten krumme Rücken
    (von den schlechten Nächten) &
in der Tasche immer *ne Zigrette*; dort vorne

staute sich der Bach am Wehr, wir gruben
unsere Buden in den Lehm, das war
    die Hölle, Rübenfelder & Gestrüpp
        von Birken, die ihre Haut abstießen, von
Steinpleis bis nach *Beiersdorf*, weiter
kamen wir nicht, wir lagen selten
still & bewegten uns nicht viel.
    Eichler war im Knast, die andern
    sind verheiratet. Wir lagen nie

auf der Lauer, wir standen
    Schlange, stramm, in Kniebundhosen
vor der Kaufhalle & holten uns (nicht die Tageseinnahmen)
    den kalten Kuss, es rann
        das Milcheis durch die Hände
        (süße Moskauer Art); wir standen

uns immer selbst auf den Füßen & pissten
an den Elektro-Weidezaun, wir lagen
    mit dem Ohr am Puls
        des anderen & horchten
auf die Strömung, die noch kommen sollte.

Frühe Katzen

Plötzlich stehst du vor dem überspülten Stahlbeton.
    Du wusstest nicht, dass hier die Sträucher
        wild & selten waren, du hattest
    keine Namen für die Dinge, nur die Hände
    schlammverklebt & Wasser schwappte
        in den Gummistiefelschaft, wenn
    in dem Bach der Kiesgrund sackte.
Du kennst in dieser Gegend keinen mehr. Das Wehr
ist dir bekannt,
        über die flechtenbewachsene Mauer
    gingst du mit sicherem Schritt, es drehte sich
    einmal, im Strudel, den der Durchlauf schaffte,
        eine sonderbare Art
           von Boje –
    zogst sie herauf zu dir mit einem Ast: die Schnur
    ging schwer von diesem Leinensack & ganz
        verklebt mit dem Gewebe
    ein nasser Brocken Fell, ein Brei von Knochen.
    Herabgetrieben dieser Frühjahrswurf
    vom einen stummen Reich ins andere, plötzlich
steht der überspülte Stahlbeton vor dir. Nie hast du
Botschaften empfangen – dein Ohr blieb eingenäht
    in enge Maschen – & in Gedanken
tanzt auf dem Schaum das Laub
vom Herbst & eine unbekannte Plastikflasche.

Makrelen

Zu Tisch die eingeölten Schlagzeilen
vom andern Tag, die Doppelseiten glänzten,
kaum dass auf den Agenturen-Fotos
noch Gesichter zu erkennen waren, stumm
lagen die Makrelen auf Papier, dem Schlafe nah,
so sah das aus, noch nicht entgrätet,
die Bronzebäuche schnitt der Vater
mit dem Messer auf, du trautest dich nicht ran
an diese Wesen mit den Blicken voller Salz
& Schrecksekunden.
      Durchsichtigkeit, nur Fetzen stiegen auf
aus Öl & Druckerschwärze, schaumdumpfe
Zeitungsworte, wie eine letzte Brandung,
versiegelt in dem toten Fisch: *roter Sand*
von diesseits des *Dnjeprs*, der lag dann morgens
auf den Motorhauben, mit dem Finger
schriebst du deinen Namen ein, zwei Kreuze noch,
ein Pentagramm, das war der Bann,
der helfen sollte gegen Stimmen (Kiemen).
      Mit dem Ärmel ging der Vater übern Mund,
doch die Flüsterungen blieben, er schob
die Reste von sich weg, die Teile, die nicht
zu genießen waren, Kopf & Schwanz noch unversehrt
& du erkanntest an dem Schimmer in den Augen
die Willenskraft, den aussichtslosen Flucht-
versuch. Nicht gegen böse Geister
      rieb er sich die Hände ab
mit Mandarinenschalen.

Sektorenpsalm

Durch das Niemandsland
          zwischen Stadtteil & Stadtteil
die Fernwärmerohre ahmen den Lauf
der Landschaft, der Buckel nach (was geschrieben

steht auf glänzender Verkleidung,
ist für die Nachwelt gedacht, *sela*). Unter
dem Blechsteg hindurch zwitschert
der knochendünne Bach & daneben gleich
          das unverhoffte stille Lachen
                    einer Klatschmohnkolonie. Ab-

gedrückt in den schlammigen Feldweg
die Kettenspur, Manövergefühle. *Niemand
knetet uns wieder aus Erde und Lehm.* Hier
fuhrst du einst mit dem Klapprad
dem menschenleeren Horizont entgegen, dem herauf-

schwellenden Wasserturm, dessen silberner
Riesenschädel sich vor die Sonne schob. & was
du nie glaubtest ist wahr: es gibt

einen Vater, es gibt einen Sohn, die wohnen
          jenseits der Fernwärmerohre.

4. Sucht

Wie die Sau geschlachtet wurde

Geäderter Himmel, überzogen
mit einer Speckschicht, es geht der Wind
umher als karger Nüsternhauch & einer wirft die
          Reste in den Eimer (Gallenblase, Mandel-
duft von Milz), einer nimmt den Schlauch & strahlt
das angetrocknete Blut von den Steinen, an
der Wand hockt einer,
                    ganz ausgebeint
                         in Gedanken
& wetzt noch immer die Messer, *auch dich*

hätte Phöbus versetzt in den Äther, daunenschwer tritt
am Morgen die Bäuerin in den Stall, das elektrische
Licht flackert & all
              die Gerüche der Tiere
                         Felldunst, Harn,
die trächtigen Bäuche graben sich ein in den Beginn
dieses Tages. Das Beil glänzt
am Türstock, das Bolzenschussgerät, die Gläser

sind schon gewaschen, die Gläser sind, auf dem Abend-
brottisch, schon geöffnet, ausgekochtes Fett,
Gelee, da steigt ein Odem auf, *auch dich hätte Phöbus*
hinabgedroschen in Gebiete, wo die Scharten
          in den Klingen blitzen, wo die Gurgel
zittert. Allein

in ihrer Haut, aufgeknüpft an der Wäschestange, allein
ist die Sau in ihrer Haut, zum Schneiden dick
die Stille, bevor das Schärfen (Schleifen) der Werkzeuge
          einsetzt, im Garten nebenan heben
die Hyazinthen ihre traubigen Blüten.

Aus einem Schlaf

In der Koppel, angepflockt
der Hammel bebt an seinem Strick,
er dreht seinen Kreis & furcht
den Boden mit der Stirn.

Hier hast du die Hunde bellen gehört.
Hier hocktest du im Bachschlamm, ein Atem
wehte dich an, der grannige Hauch
der Erntemaschinen. Hier

gingen die Alten an Stöcken die Wege entlang,
sie sangen beim Schlachtfest
noch ältere Lieder & schöpften das Blut
aus den Wannen, sie schöpften
die Furcht ab mit lauten Gebärden,
der Brombeergeist floss. Hier

hast du gesehen: die gegerbten Felle,
am Abend im Stall spannte sich
das Licht einer mageren Glühbirne auf,
die Schafe rieben ihre Schädel an den Bohlen.

Hier gingst du ein stückweit den Hügel hinan.
Hier hast du den Sauerampfer gerupft, du lagst hier
schon lange begraben, du wusstest es kaum.
Dein Atem schlief flach in der Brust. Nachts

die knackenden Balken, das Trippeln
der Mäuse, Zyan leuchtet in den Zimmerecken,
das Geschirr für die Kaltblüter hing an der Wand. Du

hörst die stockenden Lungen der Tiere, ihren Schlaf
zwischen Trog & dem kommenden Morgen,
die klappernden Schuhe aus Holz auf dem Hof,
es ist Melkzeit, bitter wallt der geröstete Chicorée-
duft & du spürst: jeden Moment
kräht der Hahn.

Taub bist du vom Duft

der Fliederblüten, vom Lächeln
der lastergroßen Frau auf der Reklametafel (ein Blitz
hat sie hell eingesungen in ihren stummen
Schlaf). Dies hier

sind die üblichen Straßen, nicht eng nicht breit, kühl
strömt es aus den Kellerlöchern, die eingelagerten
nicht abgeholten Polstermöbel riechen, das nasse
Holz, mit dem die Eingänge vernagelt sind. Um dich
ist Luft & nichts, der Duft der Fliederblüten –

An deinen Sohlen
klebt der Abschied immer, denn wo
du bist, kannst du nicht bleiben. Nie
hat es dich an einem Ort für lang
gehalten, es zehrt etwas an deinem Kopf
& zieht dich – (ach, hör doch auf).

In einem Wäldchen nah
der Kraftfahrtstraße, der Sperrmüll wuchert,
die Autoreifen bis aufs Gewebe durchgescheuert & über-
all auf dem nadelflauschigen Boden die Zell-
stofftücher.
Du hörst durchs Knistern,
Rauschen des Geästs, die hochhackigen Damen-
schuhe gelassen übers Pflaster plätschern. (Du sprichst

mit niemandem, solange niemand mit dir spricht.) Nur taub
bist du vom Duft. Die Rücklichter der Autos
ziehen Streifen. Der Abendhimmel
rot wie eine Sucht.

Ein Radio läuft

Schifferklavier, trübe Betonung: was im Luftraum
sich anstaut, ist dir bekannt. Ein Radio läuft hinterm Haus.
Der Antennenmast mit dem Fuß aus Beton. Du sendest
kein Licht aus. Zwischen den Stachelbeersträuchern
(geerdetes Wort) suchst du rein gar nichts. Dein Atem
ist weg.
    Der Bach, die Wiesen, zerfallener Waschraum.
Es bleiben die Dinge verzeichnet auf deiner dehnbaren
Haut. Glasur, Melodie. Ein Radio läuft hinterm Haus
& ein Männergesicht mit stahlgrauen Narben. »Scharnier!
Rote Grütze!« Es schweben die Späne am Hobel. Gas-
klare Luft. Dein Atem & etwas bewegt sich in Asche (in
Gras), wenn es regnet.
    Der Krach, die Gleise, kaum hallende Abschrift.
Du steigst in die Stiefel & watest durchs Wasser, du
fängst einen Fisch im Eimer aus Blech. Auf die Schienen
legst du 10 Pfennig. Der Güterzug trägt Terpentin,
Bauxit & Asbest. Zermahlene Knochen. Der Zug trägt
die rostbraunen Farben der Welt, die du kennst. (Ein platt-
gewalzter Aluchip.) Der Zug ist jetzt weg.
    Aber ein Radio läuft hinterm Haus. Im Eimer
aus Blech.

Im Lande

Die Dialekte gebürstet gegen den Strich. Im Gebirge
gräbt man längst nicht mehr nach Erz, ausgeschürfte
Gegend, bucklige Kämme.
    Vor den Toren beginnt die Stadt
& dahinter: –
      Schemen, die durchs Dunkel schlurfen.
Hornhaut an den Händen. Ihre trüben Augen ahnen
in der Ferne Lichter,
   ihre Lider sind mit Müdigkeit behangen. Im

Gebirge fasst man sich ans Herz. Zinn & Silber
in den kalten Lüften & lässt den kalten Rhythmus dann
verwehen. Drehbank. Klöppelstock. Böse
   Schnitzereien & im Winter stehen
     die Schwibbögen in Brand, leuchten
jenen heim, die nach Brennholz unterwegs sind
in den Forsten. Rauchholz. Knotige
Gesichter. Manche gehen den Irrlichtern
auf den Leim & bleiben verschollen.

    Nach Jahren
sind sie in den Farnen drin. Im Moos, das um die Felsen
liegt. Sie murmeln Zaubersprüche & können
nicht flüchten. Ihre erstarrten Züge
sprühen auf in günstigem Licht. Licht,
das durch die Kronen bricht, berstendes
Licht, Licht, das schleicht durchs Gebüsch
& wartet still auf Licht & nochmals Licht.
Licht, das durch die Kronen bricht. In den Tälern

schlechter Funkempfang & schlechte Luft, hoch
        thronen die Fördermaschinen. Der
Braunkohledunst über den Feldern & Äckern. Manchmal
dringt eine Nachricht durch. Der letzte Sport-
skandal, ein Flutbericht & verschwimmt mit dem Fuchs,
der sich ein Lamm geholt hat aus der Koppel
während der Nacht. Bleich traben Wolken
        über die Ruinen der landwirtschaftlichen
Großbetriebe, Erhängte
        hat man hier gefunden.
                Die Beine blau vom Blut geschwollen.

Im Gebirge. Gesprochener Schutt. Im Gebirg',
wo man auf dem Kopf gehen kann. Unter Tage
        leichter Abraum im Gesang. Im Gebirge.
Im Gebirge.

Holunder

Ich kann diese dunklen Sprachen nicht sprechen,
die aus den Automaten kommen. Mir ist die Sonne
noch als Abziehbild bekannt.
           Das wird mit Spucke
      auf den Arm geklebt. Bestechungswährung:
Kaugummi. & nimm auch das Messer
zur Hand. Mit der trüben Klinge machst du den
           Indianertest. Ich kann mir die Haut zerschneiden,
wie einen grauen Teppich an der Wand. *Jedes*
Buch ist angefüllt mit Teilaspekten. Ich lese die Hin-
weisblätter nur flüchtig. Ich
           lese fast gar nicht. Ich
habe gelernt, durch die Seiten zu schießen, die Formeln
zu sehen. Die leuchten viel besser als kahle Semantik.
Ich kann diese dunklen Sprachen nicht essen. Ich baue
mir eine Höhle in Lehm & Gestrüpp
      & mache ein Feuer.
Im blechernen Topf zerläuft der Holunder zur Suppe.
Ich rühre darin mit dem Finger. Ich trinke & denke
dem Abend entgegen. Ich bin nur ein Kind.

5. Im Zeitalter seiner Reproduzierbarkeit

Automatisch

wird die Sprechverbindung hergestellt:
doch niemand spricht. Du bist allein in der Kabine
aus Metall mit deinem Atem, deiner harmlosen Statur,
geworfen auf die matte Chromverschalung,
        du wusstest einmal, wie die Technik funktioniert,
        dass keine Bilder kommen
& der Kopf so schön verschlossen bleibt, im Schacht
hörst du das Schleifen der Gewichte, es leuchten die Etagen
        auf als Ziffern, rückwärts abgezählt.
Du weißt, die Fahrt endet dort unten, wo Giftköder,
doch keine toten Ratten liegen, dein Auge
bleibt nur immer hängen an dem Messingschild
        Ruhe bewahren.
        Alarmknopf drücken.
        Dir ist, als scharrten
tausend tote Ratten zum Empfang mit trocknen
Knochen, wenn die Mechanik innehält,
die Türen langsam auseinanderfahren. So leise
        knirschen Stahlseil, Trommelscheiben; sie heben
die leere Kabine zurück in das leere Haus.

Scan, verschwundener Torso

Wir kennen sein Gesicht, das reife
Augenpaar, eingefroren für die Ewigkeit
& aufgelöst in Pixeln, tausenden,
    der Blick zielt scharf vorbei
an Linse & dem unbekannten Fotografen
auf eine Weite, die er einmal kannte,
wir kennen seine Briefe nicht, »schon damals
lächerliche Zitterhand«, doch wenn er redete,
schob sich Geröll
        in seine Stimme: Abchasenschlucht,
gebrochner Tunnelzugang (der Bohr-
stahl platzte weg an einer harten, nicht
kalkulierten Ader). Blieb nur
        die Narbe unterm Kinn,
die mückenlosen viel zu klaren Nächte,
blieb das Insektensummen der Kaukasen,
»Die Stirn so Kalk wie Mond!« »Die schliefen
nie«, beim Musketenputzen, streng
rationiert die Kerosinvorräte & Gespräche,
man musste öfters mit der Hacke
in den Stein, man musste in den ausgebrannten
Schacht, mit stumpfen
        Lampen um den Kopf. Wir
kennen jede Falte um die Winkel
seines Munds, die getrübte Iris (& den Reflex
des Blitzlichts aus dem Hintergrund), der Blick
zielt scharf, der Innenblick, wir wissen nichts,
wir müssen die Auflösung ändern.

Telegraph

Auf dem Männerklo zwitschern die Vögel
vom Band. Du stehst am Becken & im Stro-
boskopenlicht,
     es regt sich nicht
         der kleinste Hauch
in deinem Kopf, der noch von Pfefferminztee
& Migräne ganz versiegelt ist. Du pisst & das
ist schon der ganze Zauber dieses Tags, denn
     wie die Vögel fliegen
       weißt du kaum, du
scheißt auf ihre Formationen. In Übersee
geht immer irgendwann die Sonne auf
dem Drahtseil lang,

     wann wird das Band zurückgesetzt,
     auf dem die Vogelstimmen ganz
     genau so wie im echten Leben klingen.

Tuschen

Dort auf dem schwarzen Ast die Amsel
blickt dich an, mit der Schere geschnitten
aus einem Tag, an dem du vorbeigehst.

Kirschblütenschritte (Tusche), nachts
loderte hier deutlich eine, von Benzin
gestachelt, Feier auf, mit wenig Pinsel-

strichen dieser ausgekohlte Abfalleimer
hingerissen, Leuchtspur junger Stimmen,
in einer allzu weiten Perspektive. Dunkel-

gelb der Schnabel ist schon fest geworden
auf den Bütten (Federsaum). Mit welchem
der Bilder trittst du aus allen Bildern heraus

Ausrufung der Arten

Was zwitschert dieser Vogel noch so spät,
von dem ich nicht den Namen weiß.
Synkopen, bauchig: Womöglich Nachtigall,
doch deuten die Triolen mehr auf Drossel hin.

Ich halte mich zurück & falle nicht
in seine Stimme ein, denn meine Stimme
ist belegt, ich brauche keinen Ton zu simulieren,
wahrscheinlich käme eh nur Zigarettenrauch.

Ich schließ die Tür & lösch das Licht, im Dunkeln
hört man Drosselkehle, Nachtigallen-
zunge bis an das Innenohr vibrieren.
Das Auge ist nicht mehr als alter Brauch –

& starre an die Wand, daran die Karte hängt,
bis sich die Vogelnamen schälen aus der Lunge.

Kassetten

Staub, die Mode einer klanggeklärten Welt;
die Tage sind magnetisch aufgeladen, Staub
flirrt in den Treppenhäusern um die Köpfe,
     die wir spielen, die wir spulen
& wir sind ausgesetzt, in leeren Plastikhüllen
ist die Luft so dünn; *rewind & play*, dort ist
die Luft so dünn geworden, in den Tagen
sind die Bänder durchgeladen, in den Tagen
süßer Tonabfolgen, Sauerstoff in Plastikhüllen:
     & wir zielen mit den Spulen
immer rückwärts in die magnetisch aufgeladnen
Köpfe rein … *es ist nicht nur die Straße* … lies
in der Staubschicht deine Fingerschrift, sing
in die Welt den Staub hinein; auf den kalten
Treppenstufen ist die Luft so dünn geworden,
     die wir atmen, mit den Lungen
voller Staub & voller klangbefreiter Mode.
Die Tage sind magnetisch aufgeladen, die
wir träumen, die wir tragen in der staubes-
     matten Stimme: lass es sein

Abende gibt es

da schmecken die Zigaretten
nach Blei & »hast du den Glenfiddich
schon probiert – schlimmer noch
als sonst …«.

Abende gibt es
da hilft auch die flatternde Zunge
der Thekenfrau nicht, nicht die Kaffeebohne
im Schnaps, da bleibt der Schaum vorm Mund
des Nebenmannes absichtslos. &

es gibt Abende,
die gibt es praktisch nicht, die
sind so tragisch sacht bemoost mit Plastiklicht
& Schwaden von Terrinen, seit Stunden
spielt die Klospülung
ein ganz erschöpftes Lied & der erste,

der sich auf den Weg nach Hause macht,
sagt: »Abende gibt es, Freunde,
gute Nacht.«

6. Schwarze Luft

Treppe

So wird die stumme Ahnenreihe fortgesetzt: in stummer
    Kinderreihe. Der Treppenaufgang mit nur wenig Winter-
        licht, matte Fotos in ein mattes Haus gehängt. Auf solchen
angestaubten Wellen schwankt die Zeit vorüber. Du bist hier
    nie zuhaus gewesen; ein Gast, der mit am Tisch die Dunkel-
        heiten zu sich nimmt & helles Fleisch. *Die Farben waren*
damals noch ganz andre Farben. Die Stunden und die Zungen
    auch. Die schweren Kinderzungen an den Nachmittagen,
        an denen draußen Kleinstadtgesten & in den Zimmern fremde
Schatten auf der Lauer lagen. Du gehst die Treppe rauf
    & wieder runter & machst kein Licht. Du hörst nur
        denen zu, die dein Gesicht nach vielen Jahren mit sich tragen.
Auf Seidenpapier oder unter dem Eintrag im Haushaltsbuch.
    Mit jeder Stufe kehrt die Ruhe in dich ein (von matten Ahnen,
        Schießbefehl), du hältst im Keller eine Rast, wo noch die dunklen
Möbel stehen & holst das Tiefgefrorne aus der Tiefkühltruhe.

Andacht

Um den Hals trägst du das kleine
Marienamulett. Die Jungfrau im Profil.
Es wölbt sich glänzend das Relief, der zarte
Schein um ihren Kopf, die Augen nur verschatten sich
im schwarzgelaufnen Untergrund (eine Reaktion
von Schwefel, Luft). Sie ist fast ganz
ins Silbertuch gehüllt, du siehst die Hände nicht,
die beten, um den Hals trägst du das Kleine,
doch ahnst du auf der Brust
den Druck, der immer da ist, eingestanzt
& schwebend.
            Ihr Beistand,
heißt es, der sei immerwährend, man kann
(in einer simplen Lauge) das Schwarze spülen von
dem Edelelement. Du trägst das Kleine.
Es gibt so eine Furcht
            vor unbekannten Sprüchen, vor warmem
                    Licht, das immer bloß nach innen fällt.
Du trägst das Amulett.

Mittelwelle

Du schnallst dich an, der Gurt greift um die Brust.
Bei diesen Fahrten über Land, wie soll man wissen,
ob die Bremsen funktionieren oder die Musik. Ich
sitze auf der Rückbank ganz allein & zähl die Autos,
die entgegen kommen,
      die Mutter vorne singt von *Mariandl* & dreht
das Kofferradio auf laut, der Vater fährt & redet
in den Lärm hinein. Ich kenne diese Gegend
nicht, es ist so dunkel um mich her, der rote Strich
schwebt über den Frequenzen, doch selbst auf
Mittelwelle rauscht es nur. Noch singt die Mutter
      fort, die gar nicht mehr im Wagen sitzt, du
trittst aufs Gas & klappst den Blendschutz runter, wo
fahren wir denn hin, wann kommen wir denn wieder,
du schnallst dich an, du musst.

Nimm diese einfachen Wörter: Hirsch-
fänger, Hünengrab & zwischen den Seiten
(trocken) die Reste enttäuschter Insekten.
Einmal konntest du lesen, was in der Luft
zirkulierte & gabst die Gedanken zurück
in das Mark deiner Knochen (hohl sind
& ängstlich die, hohl wie der immer
nächste kommende Tag). Nimm dir die
traurigen Blicke der Wörter als Beispiel
für alles, was kommt, von innen beschlägt
deine Haut & mit beschlagener Brille
gehst du den Tagen entgegen wie einer,
der selten erschrickt.

Nimm diese einfachen Wörter
nur hin als das, was sie sind: der Atem,
der dich beschäftigt & der dich betrübt.
Einmal konntest du schmecken, was die
Silben bedeuten, wenn sie zerfallen (in
mückenreichen Gewässern). Nimm, was
du brauchst, solange du kannst. Bevor
dein Gesicht sich versteckt hinter dem
Klang dieser Wörter: Hünengrab, wo du
die Knochen noch arbeiten hörst unter
dem Gras; nimm diesen Hirschfänger
schnell in die Hand, noch immer liegt
er am Platz wie zuvor, der mit dem Griff
aus dem Bein eines Ebers.

Von Wassern

& der Schlamm brach vor, die Kellertreppe
ein Morast, jede Stufe fest umbacken,
so roch Erde, toter Stoff, der ausgedörrte
Seim, als das Wasser sich zurückgezogen hatte.

Tagelange Regengüsse & die Eisschmelze schickte
Geröll von den Bergspitzen mit (einen Pritschenwagen
fand man später, die Reifen von innen zersprengt).
        Leicht in die Strömung eingefasste
Baugerüste. Im Gewölbe, unter

flackerndem dieselgetriebenem Licht, schwammen
die Einmachgläser, glasklare Bojen & es war, als strudelten
Masken hervor aus dem Kompott, die Augen, die offenen Münder
verschwappten mit dem nächsten Einbruch der Wasser.

Tagelang trug man die Nässe am Leib, nachts
Unterwassergeräusche, die Betten schwankten auf Wellen.
        Die runzlige Haut, die durchfluteten
Träume, tagelang versank die Sonne
in einem Meer. Ein totes Schwein, die steifen
        Läufe zum Sieg gereckt, trieb
langsam ins Unterdorf.

Schwarze Luft

Dort ist die krumme Tür: dahinter
einer, der keine Türen kennt. Er kommt
im Hemd, er geht im Hemd, er spricht
den Kindern in die Augen, bunte
Splitter, *du wirst ganz leicht & fliegst
davon; Glas & heimische Gewürze.* Er
geht für kurz nur
   neben ihnen her & unter
den Balkonen, wo die Primeln blitzen,
blühen seine Augen fremd. Er kommt
in einem strengen Leinentuch & geht
nicht wieder weg aus deinem Kopf.
Dort ist die krumme Tür: dahinter
schwarze Luft.

7. Women who love men who love drugs[*]

Wanderung

Ketten, Trittschutzbleche: kühl
tuckern die Motoren im Leerlauf,
auf den Chromgelenken & den Lungen
liegt ein körniger Film,
                kein Blitz
                        springt über,
die Umwälzanlagen stehen still.
Ohne Wünsche gehst du durch den Tag.
Mit einem Rauschen in den Schläfen.
Rausch. Das brandet an. Rausch

ist ein Wort, das breitet sich aus
über die Zeilen der gerodeten
Wohnblocks, die Keller liegen ausgeschachtet
& ins Verzeichnis eingeschrieben
                Skelettfunde, Scherben: die
aus dem Untergrund geschälten
Knochen, gebrannter Ton, Töne
kreisen hier von zementierten Stimmen,
du denkst an Chöre, Trauerzüge –

Wenn es ein Lied ist, ist es
schon gesungen, die Magd hat sich
                gestreut neben den Hund, man kann
                        die Wirbelsäule wieder schön
zusammensetzen. Wenn es ein Lied ist,
rauscht es steinhart.
Stein: gebrannte Töne, der Brand
an deiner Schläfe beim Durchwandern
dieser Schädelstätte.

Saß und schlief

Die Schwesterntapes mir reingezogen. RUN
DMC. *Sugarhill Gang.* In meinem stillen Zimmer
    ging der Tonkopf auf & ich
lag Wochen krank in meinem stillen Zimmer,
Magnetbandrauschen. Die Schwesternjungs in
ihren Handschuhen aus weißem Gespinst. Die gingen
    alle als Chirurgen durch die Stadt &
kannten kaum den eigenen Körper. Von Greiz
bis Hartmannsdorf: frisierte Schwalben,
abgekupferte Frisuren & auch der Sprechgesang
war mehr so Mittelding. Die abgelaufenen
    Jahrgänge der Westzeitschriften,
            man nähte sich
Klamotten selbst zusammen, wenn man den Stoff
bekam. Den Stoff. In meinem stillen Zimmer hing
die Kohlenluft. *Kurtis Blow. Grandmaster
Flash.* Denen gingen die Silben leicht von der Hand.
    Don't push me. Ein schlankes Mikrofon.
Die Schwesterntapes. Die Schwesternjungs & ich
lag still in meinem stillen Land.

Glasballon. Gläserne Schläuche. Mit der Struktur-
zange sauber gesetzt. Der Alkohol tropfte da langsam
hindurch & hatte Farben von Obst. Apfel & Birne
& helllila Pflaumen. Aber hauptsächlich Apfel. In
deine Gurgel gespült wie eine Brandung aus Asche.
In deine spielende Gurgel. Aber hauptsächlich Glas.
Gestochene Rede. Keine Beschriftung. An Druckluft-
& Durchlaufventil las man die Zeit ab. Man feuerte
schnell aus der Hüfte. Man feuerte neuere Öfen
mit Presspappe, Honig. Mit Klumpen aus Lehm.
Hinter Glas in der Ferne die Sachen: Der Alkohol
schoss aus kühneren Flaschen & hatte Farben von
Testbild. Man trank mit den Augen Auslagen. Auf
dem Schirm blieb man schussbereit. Auf dem Schirm
blieb man. Aber hauptsächlich Apfel. Aber hauptsächlich
Glas.

war die Welt mit Plastik übersät, Verpackungsmüll
in der Luft. Die Atemwege laminiert & immer
glitt ich ab
ins Allgemeine.
Sagte: Welt
Mensch
Zerebralgymnastik.
(So seltsam war ich damals drauf.)
In einer leeren Wohnung lag ich
auf der Couch, der Rauch in meinem Kopf
das war kein echter Rauch & die Musik
die dauernd aus den Boxen kam
(Händel.
Zerfressene Klaviere.
Cypress Hill.)
das war doch alles
mit Nitrat bezuckert?
Cellophan, vielleicht
die Einkaufstüten aus dem Supermarkt
hatten sich schon überall hineingeschmolzen.
In die Lüfte.
Welt. Mensch. Zerebralgymnastik.
(»Die ganzen Spacken
in der freien Wildbahn!«)
& ich
hörte meinen Namen rufen. Von draußen
keine Stimme, die ich kannte. Aber wie ein harter
Fingernagel übers Fensterglas geschabt.
& als ich suchte
mit dem kalten Kopf am kalten Glas
da sah ich nur
den leeren Garten, um den die schwarzen Tannen standen.

Kautschuk

Jetzt sind die Tage wieder ultrahocherhitzt: Durch die Alleen
gehst du nicht; die leeren Parks
      die leeren Parkplatzflächen, in deine Hirnhaut
eingeritzt bleibt ein zu helles Licht & von den Fensterscheiben
blitzt es immerzu, man sieht dahinter kaum: Die eigene
Gedankenblässe.
      Es müssen Menschen in den Städten sein, es müssen
Menschen in den Steinen sein, die Städte sind. Die Vermissten
auf den Milchkartons: Das kennst du nur aus frühen
Fernsehserien, der Apparat lief lange auf Schwarzweiß
      & wenn sich eine Stubenfliege
      zu nahe an den Sensor wagte,
kippte das Programm & löschte sich. Es müssen Menschen
in den Häusern sein, die in den Städten sind. Auf dem Asphalt
die Restspur von Gedanken, du musst
      nicht wissen, wie in der Abbremshitze
Ruß & Zinnoxid noch einmal im Bitumen auf-
geschmolzen werden. Vulkanisiert & abgemagert
gehst du im warmen Abblendwind. Es müssen Städte
in den Menschen sein, die Steine sind.

Durch den Backsteintunnel sind wir gekommen.
    Da war kein Licht.
       Da war für die Köpfe
so dämmrige Strecke. Im betonierten Bachbett
kein Wasser, nur abgestorbenes Laub.
          Schicht für Schicht
mit Namen versehen, die nur ich denke (du nicht)
du denkst an das Brot in der Tüte für die Enten im Teich.
Du denkst an die Enten. Die leben dort ewig
& können nicht fliegen.
    Ocker. Erde. Überhaupt
ist hier alles ins Standbild gedrückt.
Dass kein Wind geht & das erfrierende Gras (viel höher
als du & sicherlich zehnmal so alt). Man kann nicht
zum Bahndamm hinauf. In Öl
       & Sikkativ glänzt
das Gestrüpp. Es gibt nicht das richtige Wort
für diese Farben, die gar keine Farben mehr sind
& siehst du dort im nassen Holz den Plastiksack –
da ist etwas drin. Da gehen wir schnell dran vorbei.
    Jede Klammer ist ein Geflüster.
      (Jede Klammer ist ein Geflüster.)
Ich ging einmal fast verloren in Berlin, Hauptstadt
der Räucherkammer, doch sah mich die Mutter noch
gleiten in den U-Bahn-Schacht.
      Das Leuchten war stark
der selbstgestrickten blauen Jacke: Man hätte
mich sonst über offenem Feuer gebraten
      & meine zarten Kinderbeine gegessen.
Doch kehrte ich heil zurück auf mein Dorf
& fletschte die Zähne & wischte das Blut von der Stirn
      & legte was Totes

unter das Bett.
           So war das damals bei uns in dem Land.
Ich zieh dir die Mütze strenger über den Kopf. Schau
oben kein Himmel nur steinerne Masse. Ich reiß dir
das Brot in friedliche Stücke, die wirfst du dann
zu den Enten im Teich.
           Im schwarzen Wasser sinken
die kleinen Gesichter, du kannst das nicht sehen, du
hast jetzt noch Glück. Hörst du
                     dort vorne die Autos,
die auf der Hauptstraße fahren – alles wird heller.
Es hebt sich der schöne Geruch von Benzin. Dann
brechen die nassen Büsche über den Weg.

Autobahn

Ich kann nicht in Terzinen schreiben. In meinem Elternhaus
lag Schimmel in den Wänden drin, ich mache hier die Sätze
bloß so hin & hoffe, dass die Feuchtigkeit beizeiten aus den

Ziegelsteinen zieht. Schwarze Tapeten, schwarzer Fahrbahn-
grund: Im Nachbarhaus war immer so ein schwarzer Sound,
der kam von den kaputten Lungen, Flügelschrauben & roh

abgeschmirgeltes Sensenblatt, man musste in die Stollen rein
oder in die Färbehallen. Ich kann in kurzen Terzen schreien.
Mein Mund glimmt manchmal noch so nach. Das lernt man

auf offenem Feld, das kann man nicht lernen. Plumpsklo &
Laternenlicht, im Nachbarhaus lief immer so ein schwarzer
Kater rum, im Sommer Ackerbrände, fein ziseliertes Heu,

sonntags schraubte man am Moped im Schatten
der Garagenzeile. Ich kann nicht
auf den Beinen bleiben. In meinem Elternhaus

lag ich so lange wach & stach auf die Tapeten ein, lichternde
Sätze, das Transistorradio rauschte immer weiter in den Tag
hinaus ging niemand immer nur hinein, verschliffene Tonspur,

Schleifen in den schwarzen Haaren, Stimmen & ich bin kaum
bei Sinnen, wenn ich schreie: schreien musst du. Selber. Mit
der Lungenflügelschraube   *fahrn fahrn fahrn*

Tracks von jenseits der Auslaufrille

»You think everything is cool, I think you're wrong«
Henry Rollins

»most art ain't Mozart«
Chilly Gonzales

I

Straßen, einfache Wörter: Das Auge wendet sich nun
um. Das zerlegte Auge wendet keine List mehr an.
　　　Listen. Wörter. Straßen-
　　　namen, wo das Auge seinen Dienst
begonnen hat. Vor langer Zeit, vor kurzer Zeit. Vor
einer Zeit, die kennst du so genau, dass sie schon fast
nicht wahr sein kann & wirklich
　　　alle Bilder sind noch da. Listen. Wörter.
　　　Im Hinterkopf die Straßen-
züge von je ganz klar gehalten. Du klärst die Stimme
nicht mehr: Teer & Kies. Einfach die Straßenwörter.
　　　Die klaren Namen sprichst du aus.

II

Black Flag. Rollins. Hanteltraining. Warum die Wörter
immer laut sein müssen. Die Frage stellt sich nicht. Warum
das Auge immer lauter sein muss. *Slayer.* Frühe Augensucht
& auf der Sucht trägt dich das Auge zu den Wörtern hin.
(& auf dem Auge trägt die Sucht dich zu den Tönen hin.)

(Von Anfang an die klaren Namen auf den Plattenhüllen.)
Dead Kennedys. Fugazi. Die blanken Knochen knüppeln
in die Arithmetik rein (so:). *Converge. Botch. Swing Kids*
in den Lüftungsschächten. Das sind die Knochenformeln
& *Dave Lombardo* trommelt sich die Seele aus dem Leib.

III

Seelenaustrieb, Trommelwirbel. Hat *Dave Lombardo*
eine Seele? Überhaupt. Sind meine Saiten heute mächtig
angerissen. In einer verkaterten Landschaft. Aus Häusern.
Kies & Teer. In meinen Kopf geht das nicht rein: C-Dur;
die ganze Lehre von der ganzen Harmonie. In den Lüften

sind doch schwere Bleieinschlüsse. In meinen Kinderkopf
geht das nicht rein. Darin verschieben sich die Platten (»Der
hat so zirka ein paar Kontinente in seim Schädel drin.«) Ich
weiß das noch: Vorm Haus stieß, wenn es Winter war, der Eis-
vogel ins flache Bachbett rein. Das weiß ich noch. & wie

die dünne Eisschicht bricht in lauter Töne. Das hör ich noch.
& wie der dünne Vogelrücken. Bricht. & wie der ganze Vogel
in den Bach reinfällt. Vielleicht kam da dann eine Seele raus
& wurde von der Strömung fortgetragen.

IV

Aber Häuser: kraftführende Schluchten, du wurdest
in der Strömung fortgerissen (Lufttendenzen: kühler
Zug) & in die Kissen Steine eingenäht. Kies & Teer.
  Du schlugst den Kragen hoch & schlugst
mit aller Kraft (gelinde gesagt: Kraft deiner Wasser-
suppe) auf die Felle ein, die toten Tiere. Du glaubst
die grellen Sagen nicht. Der toten Tiere Haut, die keine
Tierhaut war sondern: Kunststoff auf Metall gezogen.
  Aber man nistet sich ein in den Häusern:
Schlachtindustrie, gehäutete Wurst. Bis in deinen Bauch
hinab dann zur Straße mit Namen aus Blech. Du hattest
den Sinn nicht im Auge zerlegt, nur die Hand
      an den Saiten, den Stöcken. Die Hand, die
den Klang aus dem toten Fell herausschlägt. *It makes*
you think it makes you wonder. Die Nächte dröhnten
immer weiter, die Totenköpfe auf den klaren Plattenhüllen.
It makes you drink it makes you. & wie der dünne
Vogelrücken bricht: Unter der Haut die Bilder
      abgespeichert. Die lassen sich nicht löschen.
      Die schimmern immerfort herauf. Der einfache
      4/4-Takt, von dessen Rhythmusspur du nicht
herunterkannst.

& *Dave Lombardo* trommelt sich die Seele aus dem konservierten
Leib. Hanteltraining. Tote Bank. Du kamst den Fragen der Akustik
näher in rohen Bauten. Doch kanntest du die Wörter nicht. Listen,
Straßennamen. Wichtig war nur Waschbeton, ein heller Klang
im Nachgang angespannter Saiten & dass die Wände (kahle Ohren)
unter Eierpappe lagen. Die klaren Namen in der Luft. Die ab-

gehackten Köpfe auf den Plattenhüllen: auf allen (allen!) Weide-
flächen elektrifizierte Hautpartien ... *and you will know us by the
trail of dead* Dein Heimatland ist abgebaut. Sie knüppeln in die
toten Tiere rein, von Anfang an bist du als eine Kreatur erdacht,
die stirbt & damit einverstanden ist. Du knüppelst in die Lücken
aller Tonabfolgen rein, die dein Gehirn so kennt & wie die Nadel

(Diamant) verspringt auf schwarzem Untergrund. Der glänzt. Dir
keimt die Kratzspur tief im Stimmbandsockel & du kannst Wörter
sagen, die verboten sind (siehe oben). Wörter, die von Toten sind
& singen meilenweit in eine Häuserschlucht hinein. Verdacht auf
klare Namen. *Black Flag. Rollins.* Training, Training. Mit den
Eisen in der Hand & im zerlegten Auge. Trockenknüppeln. Spiel

-ziel: klarere Semantik. Totentaktik & die abgetauten
Bachbettränder. Auf dem Teller trudelt dann die Platte
aus, 33rpm, versunkenes Vinyl, das schweigt & klingt
& du bist immer in den Eingeweiden drin, aus denen sich
schlecht lesen lässt. Das dampft. Die aus dem Darm

gedrehten Saiten (altes Nervenleiden), Dampf & rote
Augen. Dampf & Dampf, durch den sich nichts mehr
sehen lässt. Du gibst den Ohren recht, den zuen Augen.
Häutemesser, Schabung. Das Stimmband knistert nach
den dunklen Straßen hin & nach den simplen Kinder-

wünschen. Mit alten Platten um den Kopf (Spreng-
stoffgürtel) trainierst du die Sprache der Menschen.

Inhalt